어제는 사랑했고
오늘은 모르겠다

임서원 시집

상상인 기획시선 8

너는 허기진 것처럼 깊은 눈을 가져서
그 눈을 다 채우고 나면 단추 세 개쯤 열리는 것
낯선 세계, 움푹한 골을 따라 겹치기 좋은 틈

•본문 페이지에서 한 연이 첫 번째 행에서 시작될 때에는 〈 표기를 합니다.
•저자의 의도에 따라 작품의 보조 동사와 합성 명사는 띄어쓰기가 달라질 수 있습니다.

시인의 말

어떤 문장에서 당신을 본 것 같아

그 단락에 머무느라 도무지 안 뵈었군요

차례

1부
나의 어제를 알고 있는 너는

타로	19
어제처럼	20
앵두의 기분	22
거미의 도시	24
아욱	26
연습 중	28
비탈을 쥔다	30
피규어	32
뿔	34
기울어진 일요일	36
목련 유전자	38
안개꽃	39

2부
낯선 것들은 모두 양 떼처럼 닮아 있어

빌려 온 도시	43
양 떼들의 밤	44
사춘기	46
저녁의 달력	48
빈집	50
촛불 연습	52
13월	54
동물성	56
꽃무릇	58
누군가의 거울	59
2월 29일	60
눈 덮인 무덤은 춘곤증이다	62
야생	64

3부
캄캄한 구멍 속으로 달아나 혼자 고백할 때

어른	69
아무렇지 않게	70
일기예보 알고리즘	72
응답을 읽고 잠든 날	74
콩 벌레	76
어떤 계절	78
비탈	80
화자	82
종이 인형	84
우리 밥 먹자	86
캥거루가 온다	88
주관적인 저녁 바다	90
비비안	91

4부
나를 부를 때 다른 이름을 불러도 내가 대답했다

지하 정원	95
우리들 여름	96
불면	98
사각	100
오래된 안녕	101
식물성	102
유전	104
어쩌면 숲	106
밤의 보도블록	108
플라스틱	110
그렇게 수선화	112
늦가을	114
잘 지내요	115

해설 _ 검은 상처의 블루스	117

오민석(문학평론가·단국대 명예교수)

1부

나의 어제를 알고 있는 너는

타로

얘기를 계속하자면 녹은 눈깔사탕 위에 개미 다리가 두 개 있어요

당신도 당신 몸 전부가 필요하다고는 생각하지 않잖아요 다리 많은 것들이 먼 길 떠날 때 또는 몸에서 덜 죽은 쪽이 먼저 죽은 쪽을 뒤집을 때 스스로에게 접근하는 방법입니다 상관 없어요 신이 한눈팔 때 살짝 다시 태어나면 돼요 다들 그렇게 해요 뭐든 처음이 어려워요 이번 주엔 다른 이의 맨살을 만지지 마세요 지시어로 이루어진 속삭임은 노련해서 당신은 다리 하나씩 버리는 병에 걸릴 수도 있어요

오늘 밤 동쪽으로 민달팽이가 지나갑니다 당신은 동쪽을 서술하세요 지극히 사적인 얘기에서 멀리 떠나고 싶을 때 민달팽이가 다리를 모두 버린 이유를 알게 될 거예요 무슨 일은 만드는 게 아니고 생기는 거예요 몇 세기째 벽을 오르는 이끼가 산 채로 죽어버리는 기술을 익히듯 양손에 든 눈깔사탕과 함께 사라지세요 지금요

어제처럼

눈 딱 감아

뛰어내려

어른이 되는 방법이라는데 생각보다 쉬웠어요

할머니가 동화를 읽어주는 동안에도 나는 뛰어내리고 할머니는 또 뛰어내리라 하고
방법이 생각보다 쉬우면 실수하기도 쉬워서 어른이 됐구나 몇 번을 생각했는지 몰라요

헨젤과 그레텔이 가지를 꺾던 날
할머니는 애들이라 그래
타이르다 말고 과자 타는 냄새가 난다고 했어요
오븐은 분명 어제에 놓여 있었는데요
어른이 그렇죠 뭐
꺾어진 나무를 따라가는 숲은 주인이 없고 있다면 요정이겠지요
요정은 아무리 뛰어내려도 어른이 될 수 없어요
할머니는 과자가 다 타기 전에 가자 해요

어제로 뛰어내리자 해요
나는 갈 수 없고
할머니는 혼자 어제로 갔어요
너무 어른이 되면 그런다는데
적당한 어른은 어렵군요

앵두의 기분

오늘은 어때?

나의 어제를 알고 있는 너는

거미가 앵두나무에 다 올라가면 앵두는 익는 거야 노린재 깍지벌레 진을 치는 온갖

그렇지 후퇴하는 나무는 없어 빨간 앵두 투명 앵두 아이보리 앵두 기분 좋아지는 둥근 발음

거미가 날아서 이웃 마을을 다녀온 사이에도 전진하는 빨강 최대한 친근하게

여기서 거미는 직유가 아니지만 그런 상징에 젖어

젖는다는 건 어떤 심정에 가닿는다는 것 기분의 태생은 마음이야 어느 정도

발육되어 나온 것이라 멋대로 지시가 되지 않지 진화가 아픈 쪽부터 시작하듯

물렁한 부분에 껍질이 자라 단단한 껍질로도 앵두가 가능하고 너도 가능한 앵두

그다음은 거미보다

한 계단 더 올라가면 조금 전에 울었던 새가 노래하지 울음에서 노래까지 앵두는 앵두에서 앵두처럼 그러니까 앵두같이 그렇게 앵두가 새보다 먼저 옮겨질 수

있도록
 빨간 앵두는 거뜬하지 기분이 다 식어 발육이 되지 않아도 상할수록 버리기
 어려운 기분
 괜찮아

거미의 도시

첫 줄은 바람이 정해주는 대로

창틀에서였다 죽은 나방 주위에 나방의 가루가 있었다 밖으로 빠져나가는 방법이다

우리 집은 벌레 먹은 콩이 많았다 집을 기울이면 벌레 먹거나 콩 같은 돌멩이들만 남았다 나는 반쪽짜리 걸음을 걸었다 벌레들이 슬어 놓은 알이 사그락거렸다 문을 열 때마다 먼지처럼 날렸다 우리 집은 문으로만 지어진 집이다 식구들이 자주 나갔고 문은 늘 고장이 나 있었다 나가기도 들어오기도 쉬운 집이다 나방은 왜 고장 난 창문으로 나가려는 걸까 모르는 엄마들이 들락일 때 그런 생각이 들었다 엄마들은 액체로 된 영혼을 가져서 온 집 안에 흘리고 다녔다 영혼이 다 없어지면 쉽게 집을 나갔다 나는 잠들지 않은 잠을 재우느라 삼류 자장가를 짓다 눈물짓다 밥을 지었지만 시를 지을 때마다 먼지처럼 가라앉았다 그럴 때마다 집안을 휘젓는 아버지 그런 아들로 재단된 나는 밤마다 내 몸을 머리 다리로 나눠 놓고 내리칠 가슴을 찾곤 했다 몸뚱이 곁에 가지런히 엄마들을 나열했다 창문 앞에는 조

릿대잎이 부딪히는 소리가 그치지 않았다 어느새 나방도 창문을 빠져나갔다 아버지의 가장자리가 상하고 나도 집을 나왔다 나는 버려진 부댓자루를 볼 때마다 토막 난 그것이 들어 있을 것 같다

아욱

저녁과 어울리는 국을 생각하다가

야채통을 뒤적거렸다 겉이 매끄러워 상처 난 애호박 절반과 축 처진 부추를 밀치고
사흘 전에 사 둔 한 묶음 푸른 아욱을 꺼내며 적어도 이들이 뿌리를 잃고 견디는 시간 같은 것을 생각해야 하는 거 아닌지
지금 막 드는 생각이지만

아욱국을 끓이려 아욱을 치대다 말고
아욱 아욱 해본다

가슴 가장 안쪽 흩어진 울음 모아 한꺼번에 게워내는
누가 이렇게 서러운 이름을 주었나

이렇게 진행되는 저녁은 아무도 없는 게 좋다

혼자

아욱의 쓴맛과 풋내를 빼려면 푸른 물이 나올 때까지

문지르라는데
　미끈거리는 눈물 같은 것을 빼야 한다는데 상식적이라면 더 풋내 나고 쓸 것 같다

　아니지

　속 아리는 것들을 전부 꺼내 밤새 긁적이거나
　아무도 없는 곳에서 지칠 때까지 울어보면

그래

　한소끔 끓인 후의 일처럼
　그렇게 속이 시원했지

　이런 저녁이 이미 시작되었다

연습 중

그해 찢어진 책 틈으로 모두 뛰쳐나왔다
태어날 때부터 애먹인 애들은 뒷장으로

내 앞에 있던 애들은 어디로 갔을까

접혀 있는 페이지는
무슨 일이 있었구나 싶고

아궁이 앞에서
쥐가 마부가 되는 기억이 떠올랐다
주인공이 아니니 책임질 일 없어

다행이다

좀 전에 아궁이 속으로 쥐가 들어갔는데
누군가 나를 밀치고 불을 지핀다
이런 전개는 너무 빨라
페이지를 두 장 넘겼나 싶을 때
활활 타오르는 아궁이에서 마차 타는 냄새가 났다
〈

아침이었는데

나는 몇 페이지였더라?

모르겠다 이 문장도 아닌 것 같은데

이곳이 그다음 페이지라면
밥 냄새 맡으며 다시 잠이 든 것도 같은데
그래 이쯤 어디인 것 같은데

부엌은 마차 타는 냄새가 진동하고
사라진 쥐가 아궁이와 관계 있다면
활활 타오르는 나는 지금이 절정일 테고
분명한 아침일 테고

받침을 야무지게 추켜세운다

이가 막대사탕과 부딪히는 소리처럼
아침은 다시 달그락달그락 올 테니
이 단락 어디쯤 긴 세월 숨어 있어야 하나

비탈을 쥔다

　신으로부터

　평지를 벗어나라 한다 실험에 들지 말게 하옵시고는 기도고 기도를 들어주지 않은 것이 죄라면 신에게도 벌을 드려야지 인간 밖에만 계시어서 인간을 몰라 하시는 말씀 비탈 하나 업어본 적 없으시면서 비탈에 드러난 돌의 허물이나 뼈를 위한

　그 마음으로 일요일을 만들었으니

　굴러가는 요일 밤 근처 귀신은 내가 보여도 상관없습니다만

　일요일은 와도 그만 가도 그만

　평화는 깊은 물 속에서 자라는 풀이름처럼 생소하다가도 옛날 이름처럼 진부하다가도 그런 평화가 손금이 문제라면 미리 연습할 걸 팔자소관이라 거꾸로 해도 8자니 그냥 그러려니 하라지만 8자를 눕히면 세상 편할 것을 신은 그런 것은 모른다 하시니 웃자고 하는 소리 아닙니다

이제 별자리로 갈까요? 귀신은 따라오지 마세요 거기 나오는 모든 동물을 일요일로 풀어 놓겠습니다 일요일은 별에서 보는 요일이라 하나하나 이으면 울타리가 되고 결국에는 별자리 짐승들은 울타리에 갇혀

기도나 합시다

피규어

나뭇가지는 뛰어내리기 좋은 단어다

예배당은 어제 갔다 거미줄은 나뭇잎을 붙든다 흔들리고 흔드는 일이 나뭇잎의 일이라면 예배당은 안 가도 된다

나뭇잎들이 쌓여 있다 가지를 놓아야 만나는 인연이다 그렇다면 당신은 좀 더 구체적이어야 했다 예를 들면

내가 먼저 남았습니까 내게서

예배당까지 용서를 외우는 동안

신은 이야기가 동나면 꿈을 꾸게 하지만 나뭇가지를 만드는 일에 열중하지 않는다

나뭇가지는 악몽이며
가장 극적인 부분에서 부러지지 않는다
〈

플라스틱처럼 선명해서
거짓 같은 거미줄을 붙든다

뿔

뛰는 건 사슴이 아니야
사슴은 사슴과에 속하고 초식동물로
뿔은 경험이지 현상은 아니야

포화 상태다

그렇게 말하니까 꼭 헤어져야 할 것만 같아 아주 더럽게 이별하는 게 예의지 헤어질 때 더 이상 슬플 게 없을 때 초식동물에 가까워 뒤도 돌아보지 않고 뛰어가는 너의 등은

벌판이다
그러니까 나는 뛰고 싶었고
긴 목에서 느껴지는 슬픔을 의심했어

슬프다고 말하면 벌판이 의심스럽고 의심스러운 네가 먼저 잘 가 얘기했고 나는 초식동물처럼 뛰어갈 만했어

우리는 태어난 기억 없이도
태어났으니

〈
축하해

케이크는 잘리면서 무너지는 거잖아

서로에게 묻어가고 묻어서 태어나고 한 조각 사라질 기억을
앞에 놓고

기울어진 일요일

시든 화분을 십자가가 보이는 쪽으로 옮긴다

밥상 밑으로 다리를 뻗고 밥을 먹으면 죄가 만들어졌다
동생이 책상 밑으로 숨으면 보이지 않는다
그것은 죄가 아니다

볕 좋은 담벼락 밑에서
돌 위에 치댄 푸른 것과 붉은 것을 차려놓는다
당신이 건넨 숟가락은 손이 시립도록 차다

이제 내가 떠나온 소꿉놀이를 화분 옆으로 옮겨야겠다
그릇과 수저를
한쪽 손으로 정리하고
한쪽 손으로 기도하고

기도는 주물럭거리면 시든다

시큰둥한 계단을 오르면 펼쳐진 소꿉놀이
〈

동생은 밥상 밑에 숨어 내 뻗은 다리를 아버지에게 이르고
　나는 풀꽃 가득 차려진 돌상을 엎었다
　그때부터 키가 자랐다

목련 유전자

아무튼 우리는 불구야
포개진 채 서로를 닫아걸고 조여오는 올가미를
꽃대로 착각하는
그러니 말라가는 환호 그쯤에서 툭, 떨어지자 우리
종말론자는 튀어나온 말의 무릎을 제물로 바친다는 데 뚝뚝 끊어 몸을 쏟고 나서야
알게 되는 우리는 파랑 빨강 보라 어쩌면 검정
서로에게 멍이었을 거야
가지마다 켜진 회백색 등이 아름다워서 무릎 없이도 봄이 접히듯 우리 서사를 망가뜨리고 나 먼저 쏟아질까 보다
투명한 손가락으로 지우다 멍든 지금은 손톱만큼도 너를 그리워하지 않아
봄의 궤도와 나의 탯줄이 겹쳐 막 불을 붙인 촛불처럼 환한데
아지랑이처럼 욱신대는 심장
이렇게도 단정하게 지지난 계절 모두 진지했어
벗어던진 가지가 나를 찾나 봐
걱정하지 않아 어떻게 놀아나든 우린 한해살이니까

안개꽃

양 떼야

간격을 펼쳐 들고 한 송이가 움직이면
우르르 몰려갑니다

겁 많은 초식동물로 발 없이 초원을 연습합니다

함박눈이 다발로 내리는
하얀 꽃병이 온종일 속이 보이는
잔가지마다 열리는 그 울음 말입니다
누가 옮겨 놓은 방입니까
누가 열어 놓은 물입니까
무리 지어 맺힌 양 떼
탁자 위로 마저 쏟아지는 함박눈
누구든 양을 찾다 보면
모두 다 보여도 모두가 양이라서

가늘고 긴 다리로 꽃병에서 초원 끝까지

2부

낯선 것들은 모두 양 떼처럼 닮아 있어

빌려 온 도시

심야의 구석에 붙어 컵라면을 먹으며 생각합니다
혼자여서 챙 모자만큼의 그늘로 충분히 안전한

개구리는 도시에 가끔 있어서 계절은 도시를 벗어나기도 합니다 편의점의 계절은 나란히 나열되고 사라진 개구리는 진열되어 잠들어 있을 거라는 생각

코스모스에서 벗어난 가을은 모여서 거의 흔들립니다 죄는 여럿이 나눠 가지면 됩니다 다행히 편의점 시계는 자주 멈춰서 무엇인가 버리기 적당합니다

시간은 잠시의 것이어서 한 번도 친해진 적 없고 가끔 현금 인출기 앞에서 나눠 가질 죄를 계산합니다

개구리는 한 무리 불빛에 묻혀 떠나가고
빈 박카스 병을 놓고 신들도 편의점을 나갑니다

교회 불빛보다 편의점 불빛이 더 밝습니다

양 떼들의 밤

몸 비비자 했다
내 첫 번째 단추에서 걸핏하면 날아오르자 했다
순서 없이 이어지는 날들 귀퉁이 돌면 내일이야 그러니까 지금 만나
당분간 네모난 창문을 금지할게
밤에는 다 열린 창문보다 조금 열린 창문이 더 무섭거든
우리 증상은 건너면서 뒤엎어지지만 하나도 안 무서워
속눈썹 그림자가 광대뼈까지 흘러내리면 조금 더 착해 보이거든

우리 친절한 순서는
네임 태그를 푼 다음
가슴골쯤에서 거짓말이 하고 싶어지는 것
지금 보고 싶어
너는 허기진 것처럼 깊은 눈을 가져서
그 눈을 다 채우고 나면 단추 세 개쯤 열리는 것
낯선 세계, 움푹한 골을 따라 겹치기 좋은 틈

우리 아는 사이야?

〈
낯선 것들은 모두 양 떼처럼 닮아 있어
닮은 것들은 조금 열린 창문보다 무서워
밖의 입장이라면 너와 나는 깊은 야반의 초원을 질주하는
어떤, 양 떼들
오늘 밤은 창문을 활짝 열고 첫 번째 단추쯤에서

우리 그만하자

사춘기

얘기해 봐

알약에 물을 쏟은 날 욱신욱신 알약이 자랐어요
탁 탁 빗방울이 철조 계단을 오르면
젖은 그림자를 일으켜 난간을 타게 했죠
아는 언니를 따라
손바닥을 빨판처럼 붙들고 단식하듯 뛰어다녔어요
다들 내가 아프다고 했어요
아픈 꿈속에 손을 담가보면 손등까지 젖었죠
밥을 먹어도 허기가 졌어요
바깥에 닿으면 날뛰는 꿈
할 말이 많았어요
두루마리를 풀어대는 고양이처럼 찢어진 말들을
안쪽으로 굴렸죠
우리는 정돈된 게 불안해서
아무렇게나 몰려다녔어요
나는 조금 덜 나쁘게
알약처럼 욱신거리는 중입니다

기울어진 지금

컵에 물을 따라요

가출하기 좋은 날입니다

저녁의 달력

 어쨌거나 억압이란 불안한 그 무엇이 자꾸 되돌아온다는 동사라네 생각해 보게 이 길 끝에 담벼락을 세우고 토끼몰이하듯 아래로 내달리는 달력의 근력을 그 속도에 우린 열두 번도 넘게 처박히곤 하지 그렇게 생년월일을 제물로 바쳐놓고 마주치는 것에 이력이 날 만도 한데 태어날 때 처음 본 핏빛을 엄마라고 믿는 어느 동족처럼 붉은 날에 안정을 얻기도 한다네 때로 자신의 기일을 표시해 두고 생떼같은 날짜를 떼어 내기도 하지 그래서 인간의 말로 이어가는 숫자를 두려워한다네 다만, 적게는 열두 개의 높은 문턱을 넘다 그대로 문턱이 되기도 하지 오늘은 어디선가 다시 태어나고 있을 어머니가 그립다네 12월의 달력을 태운 연기가 무덤 쪽으로 가라앉고 있네 그런 날은 신발장 근처에서 비 냄새가 나지

 펴고 나서야 알게 되는 우산의 체온을 느낄 때
 뼈만 남은 우산을 살만 남았다고 말하게 되지

 슬프지 않은가
 〈

이제 곧 어둠과 일치하는 외진 날들이 우리와 동등한
발육을 시작할 테니 말이네

빈집

벽에 포도나무를 그린다
살색으로 그린다
살색은 따뜻해
엄마 젖꽃판이 살색이 아닌 게 이상해

포도나무는 북적이며 자라고 거미줄일 수 있고 거미 눈알이 무리 지어 커져서 방이 떼거지로 시끄럽고 포도나무는 사뭇 식구들과 다르지 않고 만져보면 조금 전의 모양이고 씨를 씹으면 우두둑 격렬하게 무엇인가 등장하고 그러다 리허설인 듯 벽지를 뜯어내고 다시 자라도 별 달라질 게 없고 이런 식이라면 끝없이 뻗어나갈 것 같아 다른 얘기를 꺼내면

오래전 엄마는 포도 알맹이처럼 울컥 빠져나갔다
흥건해진 집에서 살색 크레파스를 쥐면

조금 후의 내가 보이고
내가 아는 사람들은 다 어디 있을까
이론적이라면 엄마는 포도나무를 타고
끝없이 뻗어나갔겠지만 가다가

12개 살색 크레파스를 들고 다시 올지도 모르지만

문을 잠그고 포도나무를 그린다
혼자 크는 것이 피곤하진 않다

촛불 연습

어제 잠든 너를 어제에 머물러 있게 깨우지 않았다

어제는 사랑했고 오늘은 모르겠다
지금 너는 없는 나를 사랑하고
사랑하다 길을 놓쳐

골짜기에서 덤불이 되었다

이것이 우리의 모두라서 달리 할 이야기는 없지만
빛으로 우거진 골짜기를 나만 못 갔다

너는 설레고 설레는 건 위험하다

절벽으로 다 자랐구나
그런 식의 사랑은 나도 해 봤다
너는 그렁그렁 떨어지며 조금씩 허물어지고 있다

우리 빈곤한 거리는 그만하자
눈물이 발아래 외발로 굳어
저쪽에서 이쪽까지 외로웠으니까

발 하나 생기고 다시 하나 생기고
생기는 대로 걷다가

앉아요 그런 위로마저 녹아내릴 때
시작은 그쪽이 했잖아요

촛불 하나 들고
어제로 되돌아가는 길

너 없이 이렇게나 멀리 와본 적 없는데

어제에 당도한 나는
마를 대로 마른 덤불에 촛불을 던져 놓고
오늘로 왔다

자정 너머로 타오르는

그러니까 이것이 우리의 다다

13월

잘린 꼬리에서 몸통이 자라는 달이다
지난 일기장 날씨가 우기로 바뀌고 주저앉았던 문장들이
받침을 추켜세우며 일어서도
나는 작정한 듯 무뎌

내 몸 가장 가파른 곳에 멸망한 나라가 있다
새까맣게 쌓아둔 폐허의 낙서들이 주어를 찾아
달려들어도 나, 는 삼인칭입니다
세상 모든 직유가 능숙하게 거짓을 덧대 놓았듯
무엇, 무엇처럼 하면 하나도 안 슬퍼

뭉뚱그려 버려진 내 지난 나라가 꿈틀댄다
별나다 싶게 아프던 절벽 속살에 녹물색 꽃 피고
꽃 떨어진 자리에 녹물 흐르고 피가 마르면 검어지듯
떨어진 꽃잎들이 어두워져 나는

그러니까 오래전 한 세계가 통째로 사라진 달이다
꿈같던 그대로 복원하겠다고 밤마다 문장들이 삐걱대지만

하나도 안 궁금해 옆구리 살얼음에 눌어붙은
글자 하나씩 뜯어내며 고통도 참 지루해져

미리 쓴 일기장에 비가 내린다
지우려 문지르다 뜯겨진 나, 는 삼인칭입니다
처벅처벅 젖은 신발을 끌고 다가오는 발자국 소리
몸 밖의 기척이 작을수록 더 두려운 이유가
이 걸음의 끝이 내 안이라는 게 기막혀 나는

동물성

화단이 길고 질긴 주둥이에 물렸다

안으로 끌려드는 소용돌이

이빨 자국이 여름 밖에까지 나 있다

덮쳤니?

표 나지 않게 눕는 법을 아는 풀은

넘어진 화단을 일으켜 세운다

시든 너를 밖에다 두었다

울타리 밖은 아무렇지 않다

나는 고아처럼 울타리가 싫다
〈

누군가 떠날 때마다 길이 먼저 달려 나갔다

꽃무릇

그해 내 또래 여름과 붙어먹고

긴 의자에 한 백 년쯤 떨어져 앉아

죽은 물고기처럼 떠오르는 노래를 불렀다

누군가의 거울

 아저씨 제가 집을 잃어버렸어요 집 근처 공터까지만 데려다주세요 거기서부터는 집에 갈 수 있어요 그 공터는 사람이 지나다니고 때로 사람들이 지나다녀요 고양이 한 마리도 거기 살아요 무성한 그림자로 울타리를 세우고 지붕은 없어요 달빛이 공터의 껍질을 벗기면 젖가슴 같은 속살이 드러나요 반쯤 벗으면 사람들은 옥상에 널어진 빨래를 걷어 가죠 그중 누군가는 아래를 내려다보며 말을 걸어요 저녁은 그런 풍경을 져 나르고 나는 껍질처럼 있어요 그러면 가끔 누군가 알맹이로 들어와요 문득 와서 살다가 문득 살지 않아요 멀어지는 고양이 발자국 소리가 들리는 날은 울타리가 흩어지는 꿈을 꿉니다 모르겠어요 어쩌다 내가 여기 있는지는

2월 29일

엄마, 나는 아직 오늘이 모자라요
소녀는 열두 개 창문을 닫고 커튼을 친다
태양은 줄곧 술래였어요
나는 숨어만 있고요
창문은 최면에 걸린 듯 무심하고 내게는 풋내가 나요
아가, 태양은 계산하는 게 아니야 그렇게 자꾸 조숙해지면
절벽처럼 아득한 공복이 생긴단다

창가의 커튼은 무럭무럭 자란다

너는 또 우는구나
훌쩍훌쩍 달빛이 창문을 넘어온다
괜찮아?

대답을 구하는 놀이는 절반이 아프다
눈물이 떨어지기 전 굵은 것을 골라 삼킨다

너를 내 안에서 허물어야 했어
〈

엄마는 아주 오래전 뱉은 말을 다시
뱉어내기 위해 소녀 곁에 오랫동안 쪼그려 앉아 있다
소녀는 술래에게 이미 들킨 자세로 앉아 있다

커튼의 성장판이 닫힐 거라 믿는 엄마 옆으로
말 안 듣는 아이처럼
시득시득
그네가 흔들리고 있다

눈 덮인 무덤은 춘곤증이다

아파트 7층에서 내려다보면 아랫도리가 사라질 것 같다
눈 내리는 무덤은 상체가 사라질 것 같다

눈 그치면 와봐야지 했던 것이

반만큼 둥글게 가라앉은 흰 알 같다
문장을 놓친 마침표
솟아오른 발자국
숨바꼭질

그날 상여는
아무도 몰래 옷 보따리를 숨겨 놓은 뒤뜰을 지났다
끝내 도망 못 가더니 온 동네 다 알게 이렇게나 큰 꽃가마 타고 도망가는 엄마를 아버지 혼자 모른 척했다
빨간 대문 앞에서 갑자기 무거워진 관이 내려질 때
엄마와 이미자 노래를 부르던 친구에게
인사 전하려나 보다 했다

잘 있게나

〈
못 들어줄 정도로 슬픈 그런 인사를 모두가 들었으니

갑시다

이년아 너는 엄마 죽었는데 울지도 않느냐?
소리 내 우는 법을 잊어버렸어요
잊어버렸는지도 잊었어요

잠처럼 몰려오는 함박눈

어떻게 우는지 생각났어요
숲이 몸을 털고 일어선다
눈 달린 것들이 모두 눈 덮인 무덤가에서 졸고 있다

야생

네가 말했지
사랑도 야생이라고

모든 것을
한쪽으로 밀어놓고
날뛰다 멈춰보니

텅 빈 골목

우리는 서로를 조금씩 껴입고
벗을 때를 위해 가늘어졌다
헐렁해진 골목

고개를 길게 빼면
지속되는 모퉁이

담벼락에 한 칸씩 사다리를 그려 넣으면
한 칸식 높아가는 벽

길들여진 우리

〈
너는 나를 올려다본다

뭐가 보여?

3부

캄캄한 구멍 속으로 달아나 혼자 고백할 때

어른

달의 성별을 구별할 줄 안다

몸과 달의 연결 구조를 이해한다 곁눈이 있어 기원전과 대조를 이루지만 고독이나 외로움이 싹트는 시기는 그대로 방치되기도 한다 밤의 성별 역시 알 수 있다 상대의 가장 깊숙한 곳에서 우거진다 다른 각도에서 보면 의인화된 갑 티슈처럼 혼자이기도 하지만 가끔 한꺼번에 뭉텅이로 뽑혀 나와 서로 섞이다 찢긴다 그런 날은 몸에서 몸의 일부를 끌어내 다른 곳에 숨긴다 쥐가 갉아 먹은 비누를 보며 자신을 회계한다 몸에 길이 생기고 길이 끝나는 지점에 와서야 달을 올려다본다 달과 빈틈없이 맞물려 뒹군다 그러다 덜컥 다 자란다 어느 책에서는 그것을 작은 죽음이라고 했다 빈 갑 티슈 안에 들어간 쥐가 고요해지면 다음 생을 도청한다

아무렇지 않게

　벤치 위에 국화꽃이 떨어져 있습니다
　시들면서 캄캄해집니다 당신은 사소하게 가고 여기는 잘 있습니다
　당신의 세계로 배달되는 구역은 일방적이라 멈춰진 한쪽은
　이물의 시간을 가졌습니다 할 이야기가 있는데 다시 만나도 그 이야기일지 모르겠지만 당신의 답이 먼저 올지도 몰라 온종일 안으로 캄캄하게 시들고 있습니다

　그곳 근처 부유하는 것들은 자정에 몰려들어 몇 세기 후쯤 풀리겠지만
　지금 마포대교는 차가 밀리고 우리는 같은 방향으로 시듭니다
　시드는 방향은 일방이며 하염없이 닿고자 하면 잊게 될

　당신은 가고 무엇인가 걸어두기 좋은 십자가에 불이 켜집니다
　가로수에 앉은 새가
　새가 떠올린 노래가
　노래가 되어버린 겨울이

그럼에도 간신히 크리스마스는 올 테지만

한 시절쯤 떨어져 있는 당신 무릎을 베고 잠들었습니다

잠이 깨서 그곳의 벤치와 국화꽃 사이에서 잠시 헤맸습니다 몇 세기 후 자정에 당신과 만나겠지만 마포대교는 아직 풀리지 않았습니다 다리를 건너면 크리스마스가 있고 나는 충분히 닿고자 합니다 십자가는 너무 높아 무엇도 걸어둘 수 없어 당신 무릎 위에 나를 두고 갑니다

일기예보 알고리즘

날씨를 복사해서 붙여 넣기 했다
네가 딸려 왔다

오늘은 추억의 일부가 꿈속으로 산개합니다
그 사람이라는 단어가 다량으로 유입될 예정이니
대응 요령을 숙지해야 합니다

심장의 과거 체류 농도를 희석하세요

살펴야 할 문장은 창문 안으로 휘날리는 커튼입니다
창가에서 식탁 밑까지 밀려가는 A4용지는
우리라는 기류입니다

기류를 타고 몇 세기 외출에서 돌아온 메타세쿼이아
가 줄지어 옵니다

과거의 나무가
추억을 다 껴안은 화석으로 일제히 눈보라를 텁니다
몇 세기 전의 눈보라 사이에서
〈

그 사람 발견

왼쪽 눈물샘 주변 강수량이 증가합니다

측정되는 수면의 깊이를 재다 물과 잠 사이에서 오류가 발생됩니다

그 사람과 접속 확률 100%
꿈이 한 움큼씩 새고 있습니다
거기에 당신을 붙여 넣기 합니다

응달을 읽고 잠든 날

 눈이 쌓여 있어요 주위는 다 녹고 없는데 가장 춥고 어두운 곳을 보듬고 있네요 지금 나는 추워요 그러니 여기로 와줘요 허공등성이 두 개 돌면 나무에 걸린 비닐이 펄럭이고 있어요 찢어진 지 오래라서 소리가 아프니 그쪽을 등지고 왼쪽 굴뚝 연기를 향해 오세요 죽은 머루나무를 태우는 중인데 모양이 성기고 흑갈색을 띱니다 비 냄새보다 조금 더 아리고 숨이 가쁩니다 봄에는 다른 냄새가 나기도 합니다만 문장으로 써지진 않습니다 겨우내 걸러지지 않은 질긴 울음은 가끔 남자를 빌려 잘라내곤 했습니다 남자들은 등성이가 다르지만 근원적으로 들어가면 그들도 몸의 끝이 시립니다 모두 끝을 향해 내달리는 나뭇잎입니다 가지마다 황홀한 난간입니다 내 몸 어딘가에 걸린 채 찢어진 비닐 소리는 며칠을 끌어다 동여매도 끝없습니다 허공의 세 번째 등성이에 죽은 태아가 콩 모양으로 제 몸을 조립 중입니다 지나는 길에 이 부분을 의인화해 주세요 그래야 물기가 생기고 타들어 가면서 연기로 누군가를 부를 수 있습니다 이렇게나 깊게 파인 절망 같은 것이 당신의 품과 닮았다는 걸 콩 모양으로 움츠려보면 압니다 눈이 옵니다 지붕을 찾아 떠난 문장들은 모두 돌아오지 않았습니다 어차피 남자를 빌려도 눈물 냄새는 납니다 그러니 늙은 머루나무 옆에 있겠습니다 소복하게 안아 주세요

콩 벌레

나는 우두커니라는 소품

성한 것들은 빠르다

멀어지는 등

안녕

덧대진 인사는 절벽처럼 쌓인다

아찔한 거리에 배와 가슴에 새가 뜨지 않은 마디를 새겨 봐 그 마디를 접고 두 무릎을 끌어안는 거야 둥글게 몸을 말아 무릎 주름을 돛처럼 펴 봐 등을 활시위처럼 팽팽히 당기고 가슴에 머리를 끼워 넣으면 안으로 가속도가 붙을 거야 그러면 신체 중 어느 하나는 날개가 되지

좁혀진 간격

멀리 절벽이

〈
등이 되고

등이 얼굴이 될 때

안녕?

우리 만난 적 있었지

벌레 먹은 콩의 자세로 멀리서
부터 멀리까지 빛을 말아 구르던

명왕성이 사라졌다

어떤 계절

무궁화꽃이 피었습니다

진딧물은 외계의 걸음으로 생존하므로 다리를 달력 밖으로 빼내는 일에 날짜를 다 썼다

이 계절은 무수한 다리들이 우글거린다

고개를 숙이면 무궁화가 잎끝을 걸어 잠근다

멀어지는 발자국 소리

진딧물은 숨는 거에 전염되어 보이지 않는다

잘 있었냐 묻고 답이 올 만한 거리에서

계절은 사랑시처럼 밋밋하게 왔다 간다

그런 계절이 담긴 달력

사랑이라는 단어까지 소독하기 시작했다

〈
우리에게는 변종된 거리가 필요했다

당분간 우리

무궁화꽃이 피었습니다

비탈

 어느 쪽이 빠를까 옥상에서 죽은 새와 살아 있는 새를 던졌다 어떤 후반부의 우정 확인이나 죄의 깊이를 재는 의식은 아니다 손에서 떨어지는 거리로 허공의 생명이 솟구치기도 사라지기도 한다 두 마리의 멀어진 거리에 두 손을 모으고

 모든 기도를 골고루 만질 수 없다 살점 하나 없는 바람으로 축축하고 휘어진 걸음으로 거대한 허공에 순응하는

 멀어지는 두 마리의 거리를 재기 위해 셀 수 없을 만큼의 발을 그렸다

 그래 가자

 허공에서는 죽음은 가볍고 삶은 버둥대는 것

 낮눈도 밤눈도 어둡지만 뭐든 해봤으니까
 도착지가 없으니 멀어진 거리에 오한이 들고 또 하나의 허공이 어떻게든 생겨나 새를 받아 낸다

〈
그럴 시간 있으면 한 글자라도 더 들여다봐라
귓속에 머무르던 소리도 따라나선다

눈동자에 새를 가두고 귀를 틀어막은 뭉크의 마음으로
누가 더 빠를까 벽을 타고 오르는 식물이 빨판을 던지고 새를 쫓는다

화자

기린 목이 길어지면 소유하는 거래 나뭇잎을 검색하다 말고
오늘의 나는 초원에 속해서 기린을 풀어 놓기로 되어 있지
기린 울음소리를 생각한다
조금 길게 생각해 본다

초원이구나 생각하면

뛰는 것들은 뒤에서 뛰니까 뛰는 거야
앞이 뛰어도 뒤가 뛰는 거지
앞과 뒤를 이으면

지금부터는 십자가가 자라는 시간

기린 목이 길어진다
십자가가 너무 자라서 앞뒤를 쪼개면
기도를 아끼자는 기도
두 손을 모으면 소유하는 것
십자가에 시든 싹을 떼내고

다 떼내면 마른 장작
불꽃을 상상하면 자꾸 상상하면
너머에 그 너머에
더 자란 기린 목에 싹이 나고 싹을 떼내면

그래 여기까지

나뭇잎 크기로 떨어진 하늘을 모아
자판을 두드린다
아침이 매일 두고 간 선물
투두두두둑 기린을 풀어 놓는다

종이 인형

반으로 접혀졌다

왼쪽 눈과 오른쪽 눈이 마주쳤다
잘만 놀래키면 죽일 수도 있겠다

몇 시간째 깜박이는 형광등

구체적인 건 불안해서 나는 이름을 숨겨두었다
떨어진 눈물이 무겁지만 뒤척일 수는 있겠다
내 기분을 덜어가야 할 당신은
눈 속에 그렁그렁 맺힌 나를 떨궈 놓고 어딜 간 걸까

뒤집어쓴 이불을 조금 들춰보면
절뚝절뚝 방안을 돌아다니는 누군가
그렇게 자꾸 부르지 마세요 나는 이미 잠들었어요
처음부터 내 입을 오리지 않은 당신
〈

누군가 나의 세 번째 눈을 오리려고 이불을 들춘다
가윗날이 보였다 안 보였다

우리 밥 먹자

있잖아 방아깨비가 뛰어다니고
갈비뼈 사이로 잿빛 안개가 흘러 다녀
나는 밤마다 불을 지르고 아침이면 이불을 빨았어
춤출 거야 지긋지긋 타오르는 불꽃을 흔들어
불의 뼈까지 태울 거야
끊어질 듯한 불의 숨과 함께
춤출 거야 한 바퀴 말고 반 바퀴,
반 바퀴 돌아 반의반 바퀴
방아깨비 춤은 다리 반쪽만 남아도 계속되지
반쪽을 마저 잃어도 쿵덕쿵덕
남은 다리가 사라진 몸을 찾아 발광하는 숲
제 몸을 찾아 헤매던 회색빛 재가
내 몸을 뒤지면 나는 배가 고파
아득히 먼 화단을 내려다보면 거기
새빨갛게 처박힌 꽃무더기
지독한 응시 끝에는 늘 허기가 졌어
춤출 거야 춤은 침묵이고 맨발이지
신발은 가지런히 최대한 가지런히
거칠수록 좋은 침묵의 끝에서 뛰어내려
순한 잿더미가 될 거야

그 위로 굵은 빗방울이 퍽 퍽 꽂히고
허공에 잿빛 꽃들이 천지에 피어나
태양을 가리는 날
배고파

캥거루가 온다

비만 오면 울던 캥거루가 있었다
떠나는 모든 것을 어미라 부르라는
흑인 선교사도 있었다
기억은 믿을 게 못 되어서 이런 식의 나열은 좀 뭣하지만

인중을 만지며 캥거루도 인중이 있을 거야 인중이 길면 오래 산대 거기서 교차하는 음과 양의 기운으로 한꺼번에 기억이 풀어질 수도 있다는데

잠깐 다녀올게
마을 어귀 팽나무 아래
빨대가 꽂힌 요구르트를 쥐여주며
꼭 데리러 올게
온몸이 젖은 채 뛰어가던 사람
비가 왔고 나무 아래는 유난히 굵은 빗줄기가
목덜미를 두드렸다
마을 밖 거대한 산그림자는 처음부터 거기 있었고 꿈인가 싶다가 목덜미가 젖어 울던 아이
팽나무 어디선가 쪽쪽 새소리가 들렸고

요구르트병에서 올라오는 소리가 그러했고
자궁 속에서 손가락 빠는 소리가 그러했다
어디선가 캥거루가 울었고
눈을 떴을 때 팽나무 안이었다
속눈썹이 젖은 캥거루와 빈 요구르트병
폭설이 내린 밤 흑인 선교사가 흰 발자국을 남기며 떠났다
인중을 만지면 오래된 약속 하나가 잡힌다

주관적인 저녁 바다

 바닷물을 낳는 구멍들 뭍의 길들은 흩어지고 가여운 우리 열쇠 끝에 묶인 꽃다발을 끌고 사람을 등진 곳을 찾아 헤맨다 아련해서 벼랑이라 부르는 섬 투신하는 계절은 다시 올 테고 네 꿈속에 떨어뜨린 내 고백을 가지러 가는 길 해송 끝에 너와 있을 자리를 표시한다 바다를 낳은 구멍 어디에도 맞지 않는 열쇠 꾸러미 그 끝에 묶인 꽃다발이 곧 만발하겠지만 없는 너를 고백할 때 꽃을 끌고 갯벌에 길을 내는 가여운 우리 발이 안 보이는 긴 치마를 입고 나와 상관없는 곳으로 간다 우리라는 객지로 너는 나쁘다 내 기척에 뻘게처럼 캄캄한 구멍 속으로 달아나 혼자 고백할 때 게, 뻘 같은 그 무렵 시든 꽃은 내 치마 속 흉터로 남고 벼랑에 매달린 각이 닳은 열쇠는 오늘 밤 바람에 달그락거리다가 절벽을 열 거야 가여운 우리 그렇게 우리에 갇혀

비비안

수프를 끓이는 중인데 비비안, 약속처럼 창밖에 눈이 오고 있어

당신은 당근처럼 주홍빛이 돌고
브로콜리 발음처럼 사랑스러워

수프는 익어가고 당신을 기다리기에 이만한 날도 없는데

겨울은 아직 창밖에 있고
당신이 오고 있는지 둥글게 발음되는 이름

수북하게 따른 수프는 식어가고
촛불은 따스한데
당신이 오다가 마는지
어둠 속에 티백을 넣었다 뺐다
진해진 어둠은 쓴맛이 돌고

촛농처럼 뭉텅뭉텅 흘러내리는 밤

4부

나를 부를 때 다른 이름을 불러도 내가 대답했다

지하 정원

 몸에서 바람이 이는 곳을 찾아야겠어요 웃풍이 심한 몸은 솜털이 자주 서요 당신과 꽃 위에 던진 동전이 다른 동전을 떨어뜨려 누군가의 소원을 걱정하였고 폭풍 지나면 용감해질게요 물속으로 떨어진 동전처럼 지그재그로 가라앉던 우리의 다짐 그늘에서 자라는 넝쿨이 늑골을 죄어 오르는 곳을 허물 거예요 꽃은 잘린 부분을 움켜쥐고 흉부 깊숙이 파고들어요 꽃밭마다 다른 감정이 자라고 꽃봉오리마다 써야 할 눈물이 수북이 맺혔는데 그늘에서 그림자를 잘도 키우는 지금은 꽃을 울려도 좋은 계절입니다 죽은 나비를 꽃잎으로 덮었어요 죽음만 한 꽃잎들이 이렇게나 많은데 주머니엔 동전이 없어요 5월의 그늘은 슬프고 감꽃은 떨어져요 그늘을 잘라 불을 피워 솜털을 누일 거예요 물 위에 떨어진 꽃은 소원처럼 떠 있고 나는 감꽃을 밟으며 톡톡 터지는 무성한 정원 한쪽을 찢어요 아무래도 당신이 와야 할 것 같아요

우리들 여름

 호박을 따려면 잎을 들춰봐야 해 입장에 따라 하늘도 가리는 잎이라서

 무심결에 들춰보다 무심해지는 거지 보는 것만으로 상처가 날 수 있지 잊기도 하는 거지 아주 잊다 보면 썩기도 하는 거지 안으려다 폭 주저앉기도 해봤으니까 그대로 껍질이 되기도 했으니까

 매미가 내는 압력솥 소리 아무도 뒤적거리지 않은 폭발 직전의
 여름 위에 밥을 안치듯 서로에게 서로를 앉혀 놓으면

 알게 돼

 잡고 일어설 것이 자신뿐임을 허공을 쥐던 넝쿨손이 제 몸속으로 말려 들어가는 이유를 타버린 속을 뒤적이다 허공에 내렸던 뿌리가 플라스틱이라는 것을

 툭툭 부러져 나가는 손톱을 찾느라 그 여름을 다 쓰는 일 침을 발라 찍어 낸 손톱에서 거미줄 맛이 나는 것

도 우리들 이력이지

  호박에 떨어지는 굵은 빗방울이 문을 두드리는 소리 같아 뒤를 돌아보다가
  홀로 있는 호박밭에 서서 아무도 없구나 말하게 되지

불면

티슈를 지그시 눌러 물기 가득한 북쪽을 건져내고 남쪽을 건져내고

텃밭에서 돌을 캔다
쌓이는 흙만큼
돌이 자란다

이러다 텃밭이 사라지겠다 싶을 때
바위가 된다

바위 뒤에 숨어 티슈의 물기를 짠다
북쪽이 사라지고 남쪽이 사라지고

텃밭이 사라지면

거기 너도
네 옆에 있는 너도

꿈속에 발끝을 넣어도
들어오라 말하지 않는 너도

〈
나랑 놀자

사각

 거리는 어두운 쪽으로 돌아눕습니다 이보다 더 스산한 것들은 가짜입니다 하품을 합니다 하품은 무슨 슬픈 일이나 되는 것처럼 눈물이 나기도 합니다 끈 떨어진 마스크가 신중하게 날아오릅니다 오후에는 뜯어진 택배 상자에서 뒤집힌 무당벌레가 혼자 돕니다 우리는 잘못 배달된 세계를 버리기도 합니다 티브이 속에서는 수많은 세계를 흙 속에 묻습니다 세계는 방독면 밖에서 상자와 구분됩니다 가을에 쌓아둔 안부가 겨울 쪽으로 쏟아집니다 겨울은 상자 밖의 일이어서 무당벌레는 낯을 가립니다 때로 잘못 배달된 그것이 내 것이 되기도 합니다 그래서 우리는 택배를 구분하는 일을 어려워합니다 뒤집힌 무당벌레처럼 사람들은 파르르 발버둥 소리를 냅니다

 인간은 늘 새롭게 발견되어집니다

오래된 안녕

  그 골목은 벗겨진 담쟁이 줄기처럼 늘어져 있었다 산비탈에는 또르륵 또르륵 고라니가 뱉어낸 울음이 굴러다녔다 골목의 기울기로 저녁의 질감을 읽어 내던 달빛은 가끔 탱자나무 가시에 걸려 오래 머물렀다 담쟁이 줄기를 묶어 제기를 차면 너풀너풀 땅거미가 내려오던 저녁 이동하는 궤도를 따라 땅거미가 번식하는 기형의 골목 저 사슴 보여? 너는 고라니를 사슴이라 했고 나를 부를 때 다른 이름을 불러도 내가 대답했다 탱자꽃이나 달빛이나 애써 구분하지 않아도 그 골목은 길게 잘 자랐다

식물성

머리가 떨어져 나간 사마귀를 주웠다 소설 첫 문장이다

감자는 제 몸을 빨아먹어야 눈이 생긴다 가장 비극적인 소설이다

삶을 관전하는 죽음은 뒤꿈치가 들려 있어서 언제고 튀어 오르겠지만

빈 고개를 쳐들고 사마귀가 두 번째 문장 앞에 맞서 있다

확장시켜 주기 위해 모가지에 붉은 꽃을 달아 주었다

꽃으로 걷다 시들면 멈춰 봐

멈춰진 채

거꾸로 매달리면 오랫동안 몸을 붙들 수 있어

내 발목에 시퍼런 싹이 자라기 시작한다

〈

발목을 도려내고 꽃을 달아 주세요

사마귀 다리처럼 길게 지속되다 꺾인 폐경기 같은 날

잠에서 깨어나면 발을 만지는 버릇이 생겼다

유전

- 냇가에서 잡은 새가 손등을 쪼아대서 돌로 눌러 놓고 왔어

엄마는 찢긴 손등을 내보였다 대체 왜 그랬어요 따지다가 냇가로 뛰어갔다

새가 있을 만한 돌을 다 뒤집었다

동네 어르신이

너는 거기서 뭐 하니?

물어 와서 뒤집힌 돌처럼 난처했다

냇가는 돌로 이루어져 있고

냇가는 생각보다 길어서

뒤집힌 돌을 다시 뒤집기도 했다
〈

그러다 문득 고개를 들었을 때

손에 쥔 것이 날아갈까 주먹을 꽉 쥔

엄마가 되어 있었다

어쩌면 숲

아니
죽은 새 같아

동사무소 첫 번째 계단

개미들이 새 몸속에서 숲의 끝물을 나르고 있어 숲은 순종적이고 허공은 티 나지 않게 잘려 나가는 중이야 이미 계단을 오른 새소리는 무덤을 찾는 거 같아

넌 지금 어디야? 그 여름 숲 다 쏟아 버리고
새처럼 날겠다고 울음까지 뱉어내더니
오르는 습성은 버려지는 게 아니지
그렇게 눈동자보다 깊은 숲 모양을 하고 있으니
새들이 숲과 동사무소를 구분 못 하지

여름이 헐거워지고 있어 계단에 떨어진 새소리를 쓸어 담았더니
오래전 사라진 휴일 오후 같아

지금은 새 발목처럼 가느다란 골목으로 숲의 주소

하나 이동 중이야

  사람들도 한껏 부풀린 몸을 들고 동사무소를 오가고 있어

  너 없이도 사람들은 계단을 오르기도 내려가기도 해

  그건 모르지

  우리는 서로에게 자세하게 살지 않잖아

밤의 보도블록

 우리, 부둥켜 몸 비비다 서로 파인 부분을 메우고 멈춰진
 지금 내게 집중해 자세를 잇는 몸짓은 조금 전 내가 짓다 만
 그다음 무늬

보세요 지금 우리는 과정이 생략된 매듭
잠가놓은 산을 열고 옥시토신 성분의 구름을 당기면
본능의 절정으로 붉게 솟은 유전적인 색
담벼락에게 아랫도리를 빌린 넝쿨장미처럼
움푹 패어 가난한 당신 가슴부터 휘감죠
질척이며 바짓단이 흠뻑 젖어도 건너뛰지 말아요

그사이 우리들 골짜기마다
비단개구리 비단개구리 위에 비단개구리
모난 산은 둥근 하늘에 아귀를 맞추고
 서로 머리끝부터 발끝까지 맞물린 모양의 단위를 알아낸다면
 지금부터 우리들 말은 죄다 껍질
 〈

당신의 가장 깊숙한 곳에 안착해 야무지게 채워진 동작
짧은 신음에도 관대한 나는
어떤 각의 기미에도 당신을 느끼죠
쌓아둔 밤이 뒤엎어지는 것도
또각또각 나를 닫고 멀어지는 것도
한소끔 뜨거운 입김으로 잘 데워진 우리들

플라스틱

 우리 뜨거움에 전도되다 녹다 멈춘 거기부터 성형의 날들이 시작된다
 내가 증명할게 어린 아버지에서 시작되는 가소성의 날들 가슴을 두드리면 가짜 속눈썹이 떨어지는 설정과 책장을 넘길 때마다 거짓을 공유하자는 윙크

 열일곱 살과 겹쳐진 모퉁이
 여덟 살 젖은 기저귀에 몰두하다 만난
 서른한 살의 뒷문
 뒷문 뒤의 아줌마와 열일곱
 모퉁이가 마주쳐도
 뒤섞인 차례는 이력이 나서
 뒤부터 읽어도 아버지는
 다리를 저는 아버지
 아줌마와 겹쳐진 모퉁이

 책장 주위로 날아다니는 날파리들은 선명하고 가벼워라 하염없이 선명해서 거짓 같은 사이는
 어두운 곳에서 더 잘 외워졌다
 그렇게 빈 공간을 한 마리 짐승처럼 어르고 달래 뽑

로 자라는 자식들아

  나는 아버지에게 말을 걸 때 늘 그런데-로 시작한다
  자식아, 혈액형이 다른 모유를 나눠 먹었으니 나를 닮지 마라
  신경 없는 벌레들이 질질 같은 울음을 흘리고 다니는 사이 화초가 엎어진 채 자란다

그렇게 수선화

수면이 흔들립니까
내 몸 어디 숨겨진 꽃 하나 찾으려
오늘은 어엿하게 나를 허락합니다
우산이 가방 속에 있는 줄 알았어요
빗줄기 아래 나는 점점 나체가 되어 갑니다
실루엣으로 모여드는 안개는
모두 핍니다 안으로 노랗게 핍니다
물 무더기 속에 갇힌 꽃이
시들지도 않으니 이 무슨 조화입니까
손끝만 닿아도 수면 밖으로
밀리는 겁쟁이
두 손으로 떠 올린 얼굴이
슬어 놓은 꽃을 흘립니다
이렇게도 노랗게 흐르고 있는데
부르는 이름은 왜 오다가 맙니까
그러다 서서히 사라질 것 같아요
등 뒤에서 망보는 당신이 군락이 되어 감쌉니다
깍지 낀 손이 지워지는 중인데

오겠습니까 말겠습니까

하루에도 열두 번씩 피었다 지는데 이력도 안 납니다

늦가을

죽음으로 다 자란 인간들은 이제 곧 쏟아져 내릴 것이다

씨앗과 열매는 헤어지기 알맞다

가을은 겨울로 익고

떠날 자들은 격을 갖추기로 한다

한 명 정도의 추락을 나는 어떤 경로로 느끼는가

모든 그림자에서 살이 떨어져 나간다

나는 한 치수 작은 포옹을 준비한다

잘 지내요

 그 후로는 계단을 오르는 이끼가 있습니다 아주 긴 시간 일종의 몸에서 떠난 몸짓입니다 걸음이 되기 알맞은 날은 모든 기분이 미끈거립니다 숨쉬기 전부터 태어나는 법을 배우고 손가락이 생기기 전에 손꼽아 기다리는 법을 배웠어요 이끼처럼 느리고 축축한 참 슬픈 말이에요 부른 배를 안고 엄마가 구른 언덕에서 바다까지는 죄입니다 귀가 생기기 전에 모든 물소리는 으깨졌어요 태몽은 악몽이야 생기다 만 귓불을 타고 자라는 이끼를 용서해 주세요 발걸음을 이어가는 중입니다 미끄러지지 않은 기분으로 매일 소매를 걷어 올립니다 접혀진 아침을 펴면서 무슨 작정 해야 갈 수 있는 어떤 세계나 일종의 조상입니다 더 오래된 시간을 걸어 내며 구겨져 들어가는 모든 한때 엄마의 유래에 튕겨 나온 내 혈관이나 살갗은 잘 지내요 나팔꽃이 쓰러진 나무를 벗어나듯 걸음의 형태를 바꿔 봅니다 떠나온 눈송이가 바닥을 찾는 일 어딘가에 깃들 수 있다면 엄마라는 말은 멸종하겠지요 소매를 걷어 올리고 혈관을 교정합니다 녹은 심장을 따라가는 눈송이처럼요 걱정 마요 엄마의 을씨년스러운 한때가 쏟아진 언덕입니다 나는 언덕 밑으로 잘 스미는 중입니다

∞ 해 설

검은 상처의 블루스
― 임서원 시집 『어제는 사랑했고 오늘은 모르겠다』 읽기

오민석(문학평론가·단국대 명예교수)

이 글의 제목을 "검은 상처의 블루스"라 붙인 이유가 있다. 여기에서 '블루스'는 '어떤 슬픈 마음의 상태'를 가리킨다. 임서원은 그 중심을 애써 가리고 있지만, 이 시집엔 눈물의 깊은 수원水源이 있고, 이 시집은 그것에 대한 상징적 기억이고 기록이기도 하다. 그리고 그 슬픔의 샘은 '검은 상처'라 이야기할 만큼 깊고 아프다. 임서원은 그 아픔을 감정에 휩쓸리지 않고 그려낸다. 그의 시들은 낭만적 서정과는 거리가 멀다. 그의 시들은 감성적이지만 감성 자체를 진실의 기준으로 삼지 않는다. 밀란 쿤데라가 한 인터뷰에서 도스토옙스키의 소설 『백치』에 대하여 "감정 자체가 가치가 되고 진실이 되는 그 분위기"를 참기가 너무 힘들었다고 고백한 것처럼, 임서원은 눈물의 원천에 대하여 이야기하지만 그런 감정이 자신의 시를 지배하

도록 내버려두지 않는다. 그는 겹겹의 은유로 상처를 에워 쌈으로써 상처가 날—목소리를 내지 못하도록 예비한다.

> 나방은 왜 고장 난 창문으로 나가려는 걸까 모르는 엄마
> 들이 들락일 때 그런 생각이 들었다 엄마들은 액체로 된
> 영혼을 가져서 온 집 안에 흘리고 다녔다 영혼이 다 없어지
> 면 쉽게 집을 나갔다 나는 잠들지 않은 잠을 재우느라 삼
> 류 자장가를 짓다 눈물짓다 밥을 지었지만 시를 지을 때마
> 다 먼지처럼 가라앉았다 그럴 때마다 집안을 휘젓는 아버
> 지 그런 아들로 재단된 나는 밤마다 내 몸을 머리 다리로
> 나눠 놓고 내리칠 가슴을 찾곤 했다 몸뚱이 곁에 가지런히
> 엄마들을 나열했다 창문 앞에는 조릿대잎이 부딪히는 소리
> 가 그치지 않았다 어느새 나방도 창문을 빠져나갔다 아버
> 지의 가장자리가 상하고 나도 집을 나왔다 나는 버려진 부
> 댓자루를 볼 때마다 토막 난 그것이 들어 있을 것 같다
> ─「거미의 도시」 부분

이 시집엔 "엄마"의 기표가 시집 전편에 걸쳐 자주 등장하는데, 이 작품에서는 특이하게도 복수("엄마들")로 등장한다. 집안을 "들락"이며 "쉽게 집을 나갔"던 "모르는 엄마들", "집안을 휘젓는 아버지", 그리고 그 사이에서 "눈물짓다 밥을" 짓는 "그런 아들로 재단된 나"는 이 시집의

원초-서사ur-narrative를 구성하는 주요 인물들이다. 이 원초-서사는 이 시집 전체의 원인이자 배경이 된다. 이들 사이에서 무슨 일이 벌어졌는지 자세한 내막이 생략되어 있다는 점에서 이 이야기는 일종의 상징-서사symbolic narrative이기도 하다.

일단 이 텍스트에서 '아버지'와 '어머니들' 사이의 관계는 그 자체 문제적problematic이며 그들의 자녀인 '나'는 무의식적 죽음 충동(Thanatos 파괴 충동)을 수시로 느낀다. 이 시집의 전편에 타나토스의 파편들이 흩어져 있는데, 이 작품에서도 "내 몸을 머리 다리로 나눠 놓고 내리칠 가슴" 같은 대목이나 "토막 난 그것" 같은 표현은 접속이 아니라 분리를 지향한다는 점에서 명백히 죽음 충동을 드러낸다. 시 속의 아버지와 어머니들은 화자의 "눈물"의 원인이었으며, 화자는 그 검은 공백(결핍)을 통하여 세계를 읽는다.

열일곱 살과 겹쳐진 모퉁이
여덟 살 젖은 기저귀에 몰두하다 만난
서른한 살의 뒷문
뒷문 뒤의 아줌마와 열일곱
모퉁이가 마주쳐도
뒤섞인 차례는 이력이 나서

뒤부터 읽어도 아버지는
다리를 저는 아버지
아줌마와 겹쳐진 모퉁이

책장 주위로 날아다니는 날파리들은 선명하고 가벼워라
하염없이 선명해서 거짓 같은 사이는
어두운 곳에서 더 잘 외워졌다
그렇게 빈 공간을 한 마리 짐승처럼 어르고 달래 뿔로
자라는 자식들아

나는 아버지에게 말을 걸 때 늘 그런데-로 시작한다
자식아, 혈액형이 다른 모유를 나눠 먹었으니 나를 닮지
마라
신경 없는 벌레들이 질질 같은 울음을 흘리고 다니는
사이 화초가 엎어진 채 자란다

― 「플라스틱」 부분

이 작품에서도 앞 작품의 상징-서사가 이어진다. 여기에서도 세부 묘사는 여전히 생략되고, 시간은 "여덟 살", "열일곱", "서른한 살"의 지표들이 나타내는 것처럼 유년→사춘기→성년으로 흩뿌려지며, 그 위에 연극의 등장인물들처럼 "뒷문 뒤의 아줌마", "다리를 저는 아버지"가

"아줌마와 겹쳐진 모퉁이"에 나타난다. 이 텍스트 안에서 이들의 관계는 "거짓 같은 사이"로 추정되며, "혈액형이 다른 모유를 나눠 먹었으니 나를 닮지 마라"는 아버지의 전언은 이 상징—서사의 문제가 아버지와 복수의 "엄마들" 사이에서 발생한 것임을 유추하게 해준다.

제목의 "플라스틱"은 생명성의 완전한 부재를 가리키는 기표이다. 시적 화자의 원초—서사는 너무나 고통스럽게 반복되어서 이제는 아예 통증 자체를 못 느끼는 슬픔의 단계, 즉 "신경 없는 벌레들"의 "울음"의 단계에까지가 있다. "엎어진 채" 자라는 "화초"야말로 죽음의 공간에서 삶을 지속해야만 하는 원초—서사 주인공의 힘겨운 삶을 가리키는 기표이다.

> 코스모스에서 벗어난 가을은 모여서 거의 흔들립니다 죄는 여럿이 나눠 가지면 됩니다 다행히 편의점 시계는 자주 멈춰서 무엇인가 버리기 적당합니다
>
> 시간은 잠시의 것이어서 한 번도 친해진 적 없고 가끔 현금 인출기 앞에서 나눠 가질 죄를 계산합니다
>
> 개구리는 한 무리 불빛에 묻혀 떠나가고
> 빈 박카스 병을 놓고 신들도 편의점을 나갑니다

〈
교회 불빛보다 편의점 불빛이 더 밝습니다

― 「빌려 온 도시」 부분

 죄, 기도, 교회, 신 같은 기표들은 이 시집의 다른 시편들에서도 자주 발견된다. 우리가 볼 때 이와 같은 기표들은 앞에서 살펴본 원초-서사와 깊은 관계가 있다. 문제는 원초-서사가 이런 기표들을 만나면서 시인의 시선이 사적인 층위에서 보편적 층위로 확대된다는 것이다. 말하자면, 인간은 저마다 다양한 원초-서사들을 가지고 있고, 그것들을 통하여 원죄를 생산하고 그것에서 벗어나기 위해 몸부림치지만, 기도, 교회, 신 같은 기표들이 나타내는바 '제도로서의 종교'가 이 문제를 해결해 주지는 못한다는 생각이라고나 할까. 임서원의 시선에서 죄는 감당하기 어려운 짐이지만 바로 그 해결 불가능성 때문에 오히려 농담과 조소의 대상이 되며, 그런 문제의 '제도적' 해결자인 교회나 신은 불신과 부정의 대상이 된다. "죄"는 군락의 코스모스처럼 "여럿이 나눠 가지면" 된다는 발언이나, "현금 인출기 앞에서 나눠 가질 죄를 계산"한다는 대목이 이를 보여준다. 시인에게 죄의 문제는 농담을 통해 거리를 유지하지 않고는 견디기 힘든 것이므로, 시인은 애써 담대함을 가장하며 죄의 문제를 희화화한다. 게다가 위 시의 뼈대를 이루는 동사군은 주로 '버리다', '떠나가다', '나가다'이다. 이런 동사들은 하나같이 접속이나 합체의 생명 본능이 아니라 분리와 이탈의 죽음(파괴) 본능과 연관되는 것들이다. 이런 점에서 시인에게 상징-서사는 일종의 억압이며 해체, 분쇄, 망각, 버림의 대상이나 자꾸 반복해서 회귀하는 좀비 같은 존재이다.

어느 쪽이 빠를까 옥상에서 죽은 새와 살아 있는 새를 던졌다 어떤 후반부의 우정 확인이나 죄의 깊이를 재는 의식은 아니다 손에서 떨어지는 거리로 허공의 생명이 솟구치기도 사라지기도 한다 두 마리의 멀어진 거리에 두 손을 <u>모으고</u>

모든 기도를 골고루 만질 수 없다 살점 하나 없는 바람으로 축축하고 휘어진 걸음으로 거대한 허공에 순응하는

멀어지는 두 마리의 거리를 재기 위해 셀 수 없을 만큼의 발을 그렸다

그래 가자

허공에서는 죽음은 가볍고 삶은 버둥대는 것

– 「비탈」 부분

  이 작품에서도 "죄"와 "기도"의 기표들이 반복된다. 원초-서사를 배경으로 깔고 있는 이 기표들은 결국 죽음과 삶의 문제로 환원되는데, 여기에서도 시인은 이 문제를 진지하고 심각하게 다루지 않는다. 화자는 마치 아무렇지도 않은 듯이 "옥상에서 죽은 새와 살아 있는 새를 던"지는데, 이것은 실제 상황이라기보다는 삶과 죽음의 문제를 마치 무슨 게임처럼 가벼이 설명하려는 시인의 의도에서 나온 것이다. 너무나 어처구니가 없어 감당할 수 없는 현상을 대할 때, 현명한 시인이 취할 지혜 중의 하나는 의도적인 반反낭만주의이다. 진지하지 않음의 정신을 일부러 가장함으로써 견딜 수 없는 현실의 비극과 싸운다고나 할까. 임서원 시인은 이런 점에서 전통적 서정 시인과 다른 길을 간다. 이 작품의 척추를 이루는 동사들 역시 '던지다', '떨어지다', '사라지다', '멀어지다'와 같은 분리, 이탈, 파괴의 기표들이다. 시인에게 상징-서사를 배경으로 깔고 있는 '죄'의 세계는 이렇듯 시인이 떨구어내고 싶은 그늘이자 상처이다. 이 작품에서 시인은 마치 장난하듯이 삶과 죽음의 무게를 재고 있다. 그리고 시인이 내리는 결론은, 그것이 삶이든 죽음이든, 죄든 기도든, 세계가 "허공"이라는 거대한 공백으로 이루어져 있다는 사실이다. 시인이 볼 때, 그 끝을 알 수 없는 구멍에서 "죽음은 가볍고 삶은 버둥대는 것"이며, 존재는 세계의 그 "비탈"에서 끝없이 미끄러지며 힘겨운 비행飛行을 해야 한다.

    숨쉬기 전부터 태어나는 법을 배우고 손가락이 생기기 전에 손꼽아 기다리는 법을 배웠어요 이끼처럼 느리고 축축한 참 슬픈 말이에요 부른 배를 안고 엄마가 구른 언덕에서 바닥까지는 죄입니다 귀가 생기기 전에 모든 물소리는 으깨졌어요 태몽은 악몽이야 생기다 만 귓불을 타고 자라는 이끼를 용서해 주세요 발걸음을 이어가는 중입니다 미끄러지지 않은 기분으로 매일 소매를 걷어 올립니다 접혀진 아침을 펴면서 무슨 작정 해야 갈 수 있는 어떤 세계나 일종의 조상입니다 더 오래된 시간을 걷어 내며 구겨져 들어가는 모든 한때 엄마의 유래에 튕겨 나온 내 혈관이나 살갗은 잘 지내요 나팔꽃이 쓰러진 나무를 벗어나듯 걸음의 형태를 바꿔 봅니다 떠나온 눈송이가 바닥을 찾는 일 어딘가에 깃들 수 있다면 엄마라는 말은 멸종하겠지요 소매를 걷어 올리고 혈관을 교정합니다 녹은 심장을 따라가는 눈송이처럼요 걱정 마요 엄마의 을씨년스러운 한때가 쏟아진 언덕입니다 나는 언덕 밑으로 잘 스미는 중입니다

                                      - 「잘 지내요」 부분

앞에서 이야기했듯이 임서원 시인은 낭만적 서정으로 고통의 현실을 대하지 않는다. 이런 점에서 이 시의 제목인 "잘 지내요"도 문자 그대로 읽으면 안 된다. 텍스트를 자세히 들여다보면 알지만 화자는 결코 잘 지내지 않는다. 잘 지내기는커녕, 화자는 태어나기 이전에 이미 시작된 고통의 서사로 괴로워할 지경이다. 마치 원죄 이전의 원죄를 이야기하는 것처럼, 화자는 고통의 먼 기원을 추적한다. "숨쉬기 전부터 태어나는 법을 배우고 손가락이 생기기 전에 손꼽아 기다리는 법을 배웠"다는 주장은 그 자체 모순이고 난센스이므로 문자 그대로가 아니라 패러독스로 읽어야 한다. 화자는 자신의 이런 표현을 "느리고 축축한 참 슬픈 말"이라고 고백한다. 화자가 이런 말을 한 것은 "부른 배를 안고 엄마가 구른 언덕에서 바닥까지"의 "죄"를 원죄 이전의 원죄로 규정하기 위해서이다. 그리하여 화자가 "태몽은 악몽"이라 말할 때, 우리는 가장 깊은 형태의 원죄의식 혹은 가장 참담한 형태의 비극적 세계 인식을 만난다.

이 시를 더욱 비극적인 스탠스로 몰고 가는 것은 원죄 이전의 원죄를 "엄마의 유래에 튕겨 나온 내 혈관이나 살갗"에 연결하는 태도이다. 이런 문장을 통해 '태몽이 악몽'인 이유가 비로소 설명되는데, 화자는 이 진지한 비극성에 함몰되지 않기 위하여 이것에 "잘 지내요"라는 허사

辭를 가져다 붙인다. 실상은 전혀 잘 지내지 못하는 상황에 '잘 지낸다'는 허언을 부여하는 것이야말로 임서원 시인이 가지고 있는 반反서정적 태도이다. 임서원은 서정성으로는 견뎌낼 수 없는 현실을 마치 농담처럼 이야기함으로써 버틴다. 이 위대한 스토이시즘stoicism이야말로 임서원 문학의 힘이다. 감당하기 어려울 정도의 슬픈 사건이 일어날 때마다 마치 아무 일도 없다는 듯이, 아니면 어디 한번 해보자는 듯이 휘파람을 불던 어느 영화 속의 노인처럼, 임서원 시인은 농담 혹은 조소로 비극 위에서 비극을 대하는 방법을 안다. 그리하여 화자는 죽음 밑으로 스며드는 죽음 같은 비극을, "엄마의 을씨년스러운 한때가 쏟아진 언덕" 밑으로 자신이 "잘 스미는 중"이라고, 마치 남의 일처럼 툭툭 털며 "잘 지내요"라고 말할 수 있다.

> 뭉뚱그려 버려진 내 지난 나라가 꿈틀댄다
> 별나다 싶게 아프던 절벽 속살에 녹물색 꽃 피고
> 꽃 떨어진 자리에 녹물 흐르고 피가 마르면 검어지듯
> 떨어진 꽃잎들이 어두워져 나는
>
> 그러니까 오래전 한 세계가 통째로 사라진 달이다
> 꿈같던 그대로 복원하겠다고 밤마다 문장들이 삐걱대지만

하나도 안 궁금해 옆구리 살얼음에 눌어붙은

글자 하나씩 뜯어내며 고통도 참 지루해져

미리 쓴 일기장에 비가 내린다

지우려 문지르다 뜯겨진 나, 는 삼인칭입니다

처벅처벅 젖은 신발을 끌고 다가오는 발자국 소리

몸 밖의 기척이 작을수록 더 두려운 이유가

이 걸음의 끝이 내 안이라는 게 기막혀 나는

― 「13월」 부분

  이 작품은 비극적 자아 인식의 한 극단을 보여준다. 화자는 자신을 "오래전 한 세계가 통째로 사라진 달", 즉 애초에 존재하지도 않은 달인 "13월"이라 부른다. 그에게 글쓰기란 겉으로 보기엔 그렇게 비존재화된 존재를 "복원"하는 과정 같지만, 사실은 "참 지루해"질 정도로, 좀비처럼 끝없이 반복되는 "고통"의 작업이다. 왜냐하면 실제로 그것은 비존재의 존재화가 아니라 거꾸로 비극적 존재와 그것의 역사를 해체하는("글자 하나씩 뜯어내며") 작업이기 때문이다. "지우려 문지르다 뜯겨진 나"라는 대목이야말로 이와 같은 비극적 자아 인식을 잘 보여주는 대목이다.

  비극적 해체의 정점에서도 화자는 자신을 "삼인칭"으

로 애써 인지하려 한다. 이는 앞에서도 여러 번 언급했듯이 낭만적 서정으로 자신과 세계를 읽지 않으려는 시인의 강인한 태도 덕분인데, 그럼에도 불구하고 시인은 최종적인 의미에서 자신이 비극의 주관성에서 벗어날 수 없다는 사실에 경악을 금치 못한다. "이 걸음의 끝이 내 안이라는 게 기막혀 나는"이라는 대목은 끝내 '삼인칭'화 할 수 없는, 도저히 대자화對自化할 수 없는 고통의 강도에 대한 고백이 아니고 무엇인가.

이 시집은 고통을 객관화하려는 태도와 고도의 은유로 무장되어 있어서 겉으로 잘 드러나지 않지만, 지금까지 살펴보았듯이 매우 치열한 아픔을 내장하고 있다. 낭만적 서정의 거부라는 측면에서 보면 얼핏 아르튀르 랭보의 '객관적인 시la poésie objective' 혹은 T. S. 엘리엇의 '비개성성의 시poetry of impersonality'를 떠올리게도 하지만, 고통의 강도라는 측면에서 보면 이 시집은 이들의 시들과도 전혀 다른 층위를 가지고 있다. 그러나 이 '검은 상처'가 고통으로만 끝나지 않는 것은 임서원 시인이 그것을 아름다운 시적 '블루스'로 바꾸고 있기 때문이다.

상상인 기획시선 8

어제는 사랑했고
오늘은 모르겠다

지은이 임서원
초판 1쇄 발행 2025년 10월 1일 **초판 2쇄 발행** 2025년 11월 15일
펴낸곳 도서출판 상상인 **편집주간** 황정산 **펴낸이** 진혜진
표지디자인 최혜원 **기획·마케팅** 전은빈 최유림 노혜림 정현수
책임교정 종이시계 **편집** 세종PNP
등록번호 제572-96-00959호 **등록일자** 2019년 6월 25일
주소 06621 서울시 서초구 서초대로74길 29, 904호
전화번호 02-747-1367, 010-7371-1871
팩스 02-747-1877 **전자우편** ssaangin@hanmail.net

ISBN 979-11-7490-013-5 (03810)

값 12,000원

* 이 책은 전부 또는 일부 내용을 재사용하려면 반드시 저작권자와 도서출판 상상인의 동의를 받아야 합니다.
* 이 도서의 국립중앙도서관 출판시도서목록(CIP)은 서지정보유통지원시스템 홈페이지(http://seoji.nl.go.kr)와 국가자료공동목록시스템(http://www.nl.go.kr/kolisnet)에서 이용하실 수 있습니다.